Tadpole Books are published by Jump!, 5357 Penn Avenue South, Minneapolis, MN 55419, www.jumplibrary.com

Editor: Jenna Gleisner **Designer:** Emma Almgren-Bersie **Translator:** Annette Granat

Photo Credits: feedough/iStock, cover; Sergey Galushko/Dreamstime, 1; Anne Coatesy/iStock, 2tl, 4–5; Nevena1987/iStock, 2tr, 11; IrinaK/Shutterstock, 2ml, 12–13; imageBROKER/Alamy, 2mr, 14–15; galdzer/iStock, 2bl, 10; Martina_L/iStock, 2br, 8–9; supakrit tirayasupasin/Shutterstock, 3; BIOSPHOTO/Alamy, 6–7; Kuttelvaserova Stuchelova/Shutterstock, 16.

Library of Congress Cataloging-in-Publication Data
Names: Brandle, Marie, 1989- author.
Title: Los erizos / por Marie Brandle.
Other titles: Hedgehogs. Spanish
Description: Minneapolis, MN: Jump!, Inc., (2024)
Series: Mis primeros libros de animales | Includes index.
Audience: Ages 3–6
Identifiers: LCCN 2023000230 (print)
LCCN 2023000231 (ebook)
ISBN 9798885248624 (hardcover)
ISBN 9798885248631 (paperback)
ISBN 9798885248648 (ebook)
Subjects: LCSH: Hedgehogs—Juvenile literature.
Classification: LCC QL737.E753 B7318 2023 (print)
LCC QL737.E753 (ebook)
DDC 599.33/2—dc23/eng/20230117
LC record available at https://lccn.loc.gov/2023000230
LC ebook record available at https://lccn.loc.gov/2023000231

MIS PRIMEROS LIBROS DE ANIMALES

LOS ERIZOS

por Marie Brandle

TABLA DE CONTENIDO

tadpole
en español

bosque

cava

come

duerme

garras

púas

LOS ERIZOS

Un erizo se despierta.

Él está en el bosque.

¡Oh, no!

zorro

Un zorro está cazando.

El erizo se enrolla en una bola.

8

púa

Las púas lo mantienen a salvo.

garra

Él tiene garras.

Él cava.

11

gusano

Él come.

Él duerme.

¡Buenas noches!

15

¡REPASEMOS!

¿Qué está haciendo este erizo?

ÍNDICE